CATALOGUE

D'UNE COLLECTION

DE

DESSINS

ESTAMPES & LITHOGRAPHIES

Par des Maitres anciens et modernes

Dont la vente aux enchères publiques aura lieu

HOTEL DES COMMISSAIRES - PRISEURS

Rue Drouot, n° 5

SALLE N° 4, AU 1er ÉTAGE

Les Jeudi 10 et Vendredi 11 Avril 1862

A UNE HEURE

Par le ministère de Me **Émile LECOCQ**, Commissaire-Priseur,
rue de Buffault, 11,
Assisté de **M. CLEMENT**, Marchand d'Estampes de la Bibliothèque
Impériale, rue des Saints-Pères, 3,
Chez lesquels se distribue le présent Catalogue.

EXPOSITION PUBLIQUE
Le Mercredi 9 Avril 1862, de 1 heure à 4 heures.

PARIS
RENOU & MAULDE
IMPRIMEURS DE LA COMPAGNIE DES COMMISSAIRES-PRISEURS
Rue de Rivoli, 144.

1862

ORDRE DES VACATIONS

JEUDI 10 AVRIL

Nos 42 à 184. Estampes anciennes.

VENDREDI 11 AVRIL

Nos 185 à 297. Estampes et Lithographies.
1 à 41. Dessins.

CONDITIONS DE LA VENTE

Elle sera faite au comptant.

Les Acquéreurs paieront CINQ pour CENT en sus du prix d'adjudication.

La vente des Livres aura lieu en la même salle, le 12 Avril courant. Le Catalogue se distribue chez M. LAVIGNE, expert, rue de Trévise, 38.

DÉSIGNATION

DES

DESSINS

1. **Boilly** (L.) Noyades de Nantes. Deux beaux dessins au lavis, signés : *L. Boilly, pinx.* 1808.

1 bis. **Boissieu** (J.-J. de). Son portrait. Beau dessin au crayon noir.

2. **Bonnington** (R. P.). Intérieur de Ferme anglaise. Aquarelle.

3. **Burette** (Alp.). Forêt. A la mine de plomb.

3 bis. **Crable.** Voyageurs havanais. Aquarelle.

4. **Decamps** (Alexandre-Gabriel). Coucher du soleil près d'Alexandrie. Aquarelle.

5. — Bords de la Seine. Aquarelle.

6. — Scène intime. Croquis aux deux crayons.

7. — Intérieur de Ferme. A la mine de plomb.

8. **Daumier** (A.). Scène de buveurs. A la mine de plomb, un peu rehaussé.

9. — Homme assis, mangeant. A la mine de plomb, un peu rehaussé.

10. **David** (Louis). Hector quittant sa famille pour aller combattre Achille. Beau dessin à la plume, lavé.

11. **École de Raphaël.** Portrait de Coclès della Rocca. Aux deux crayons.

12. **Eisen** (Ch.). Les Vertus. Six dessins à la plume, lavés.

13. **Géricault** (J. L. T. A.). Chevaux de gros trait. A la plume.

14. — Trois études de Chevaux. A la mine de plomb.

15. **Gillot**. Arlequins. Trois dessins à la mine de plomb, lavés.

16. **Girardet.** Douze dessins à la plume, lavés.

17. **Goltzius** (Henri). L'Adoration des Mages. A la plume, lavé-

18. **Gravelot.** Deux dessins à la plume, lavés et signés.

19. **Johannot** (Tony). Charles VII à la bataille de Rosbeck. Dessin rehaussé.

20. **Johannot** (A.). Le Dante descendant aux enfers. Au crayon noir.

20 bis. La Bénédiction des cercueils, par Louis-Philippe. Au lavis.

21. **Laffitte.** Frises. Deux beaux dessins rehaussés.

22. **Laruë.** Le Massacre des Innocents. Dessin rehaussé d'aquarelle.

23. **Marilhat.** Salle de bain à Damas. Aquarelle.

24. — Noce arabe. Dessin rehaussé.

25. — Les grands Palmiers. A la mine de plomb.

26. — Environs du Caire. A la mine de plomb.

27. **Marot** (Daniel). Cérémonie de l'ordre de la Toison d'Or, sous Louis XIV. A la plume, lavé. Dessin curieux à cause des costumes et de l'intérieur.

28. **Schiavone.** Le Martyr de St Laurent. Dessin rehaussé.

29. **Van Hoopz.** Paysage. A l'aquarelle.

30. **Van Goyen.** Paysages maritimes, signés et datés 1647 et 1653. Deux pendants. Au crayon noir.

31. **Van Velde.** Marine. Dessin à la plume (collection du roi de Hollande).

32. **Vernet** (Carle). Montagnes. Marines. Deux dessins signés : Carle Vernet, 1820.

33. **Vernet** (Horace). La Sorcière. A la sépia.

34. **Watteau** (Antoine). Deux figures assises. A la sanguine.

35. — Paysage. A la sanguine.

36. **Zeindre** (Pierre Van). Vues d'Utrecht. Deux dessins à l'aquarelle.

37. Album contenant *cinquante pièces* en dessins originaux, aquarelles, eaux-fortes et estampes, par Messonier, Géricault, Ary Scheffer, Decamps, Jacques, Alfred et Tony Johannot, Hubert Robert, Garneray et autres. Collection très-curieuse.

38. Costumes de femmes, époque Louis XVI. Huit dessins à la sépia.

39. — Camp de soldats anglais et écossais. Aquarelle signée EM.

40. — L'Empereur et le Prince Albert visitant le camp d'Onveault. A la mine plomb, un peu colorié.

41. **H. L.** Paysages. Deux dessins à l'aquarelle.

ESTAMPES ANCIENNES

42. **Alix.** Portrait de Michel Lepelletier, d'après Garneray.

43. **Baudoin** (d'ap.). Le coucher de la mariée, par J.-M. Moreau le jeune. Belle épreuve d'une pièce recherchée pour les costumes et l'intérieur.

44. **Boilly** (d'ap.). La comparaison des petits pieds. Le Baiser. Deux pièces avant la lettre.

45. — L'Incendie. La comparaison des petits pieds. Deux pièces avant la lettre.

46. **Bonnet.** Portrait de Madame de Pompadour, gravé à la manière du pastel, d'ap. Boucher. Épreuve fraîche et bien conservée. Au verso se trouve le catalogue de quelques estampes éditées par Bonnet.

47. — Tête de jeune fille dans un médaillon, sur fond d'or. Procédé de Louis Marin.

48. — Tête de jeune Fille, gravée à plusieurs crayons, d'ap. Boucher.

49. — La bonne Mère, d'ap. Boucher.

50. — L'Amour prie Vénus de lui rendre ses armes, gravé à plusieurs crayons.

51. — L'Amour offrant des présents à Ariane. Offrande présentée par l'Amour à la Fidélité. 2 pièces, d'apr. Huet.

52. — L'Amour fait l'offrande de son cœur à Vénus. La Lecture, d'apr. Leprince, par Marin. 2 pièces.

53. **Borel** (d'ap.). La Circassienne à l'encan, gravée en couleur par Levaillé. L'Hymne à Priape, d'ap. Raoux. 2 pièces.

54. **Boucher** (d'ap. F.,) La Musique pastorale. Silvie fuit le loup qu'elle a blessé. Vénus sortant du bain. 3 pièces, gravées par Daullé, Lempereur et Michel.

55. — Le Panier mystérieux. L'Enlèvement d'Europe. Pensent-ils aux raisins. 3 pièces, gravées par Gaillard, Duflos et Le Bas.

56. — La Lumière du monde. L'Obéissance récompensée. 2 pièces.

57. **Brehan** (d'ap. la Marquise de,). Portrait de Marie-Antoinette, à genoux dans son cachot, regardant Louis XVI à travers une croisée. Rare.

58. **Cathelin** (J.). Portrait de Joseph Vernet. Belle ép. avec marge.

59. — Portrait de Marie-Joséphine-Louise de Savoie, comtesse de Provence, d'ap. Drouais. Belle ép.

60. **Choffard** (P.). Culs-de-lampes, avant la lettre, pour les Contes de Lafontaine. Édition des fermiers généraux. 52 pièces.

61. **Cochin** (d'ap.). Portrait en médaillon de Fortunée-Marie d'Est, princesse de Conti, gravé par Saint-Aubin, avec le revers du médaillon où l'on voit l'intérieur de Saint-Chaumont.

62. **Coutellier**. Portraits de mesdemoiselles Contat et Olivier, de la Comédie-Française. 2 pièces, gravées en couleurs.

63. — Portrait de mademoiselle Maillard, de l'Académie royale de musique. Épreuve avec toutes marges.

64. **Cumano.** Portrait de Madame Le Brun, gravé à l'eau-forte.

65. **D'Elvaux.** Portrait de J.-B. Rousseau, d'ap. Aved. Épreuve avant la lettre.

66. **Demarteau.** L'Éducation de l'Amour. Le Berger et la Bergère. 2 pièces, d'ap. Boucher.

67. **Dyck** (d'ap. Ant. Van,). Le Christ élevé en croix, par S.-A. Bolswert. Très-belle ép., avec l'adresse de *Gillis Hendricx.*

68. **Ficquet** (Etienne). Portrait de Madame de Maintenon. Très-belle ép., tirée sur papier double

69. — Portrait de Lafontaine, pour l'édition des Fables. Épreuve dite au *ruisseau blanc.*

70. — Portraits de Corneille, Montaigne, J.-J. Rousseau et J.-B. Rousseau. 4 pièces, anciennes épreuves.

71. **Fragonard** (d'ap.). Suite de vingt et une pièces, avant la lettre. pour les Contes de Lafontaine, avec une eau-forte.

72. — Six pièces de la même suite, avant la lettre.

73. — La même suite. Six pièces avant la lettre, et une eau-forte.

74. — Les Délices de l'Amour. Les Pétards. Le Pot au lait. Annette à quinze et à vingt ans. Cinq pièces.

75. **Franco** (J.-B.). Le Frappement du Rocher. B. 2. Belle ép. Collection Gawet.

76. **Garavaglia.** Portrait de Boccace. Épreuve avant toutes lettres.

77. **Gaucher** (E.). Portrait de Fénelon, d'ap. Vivien. In-8.

78. **Grimon** et **Lefèvre**. Portrait de jeune homme. La Nouvelle Héloïse. 2 pièces.

79. **Henriquez** (B.-L.). Portrait de Louis XVI, d'ap. J. Boze. Belle ép.

80. **Huet** (d'ap.). Ce qui est bon à prendre est bon à garder. Ép. avant la lettre.

81. **Janinet**. La Gimblette. d'ap. Lavreince. Pièce rare.

82. — L'Amour rendant hommage à sa mère, d'ap. Boucher. Pièce gravée de forme ronde.

83. — L'aimable Paysanne. L'agréable Négligé. Compagnie de Pomone. La Réunion des Plaisirs. 4 pièces, gravées en couleurs, d'ap. Leclerc.

84. — Collection de quatorze petites vues sur Paris, gravées en couleurs dans des ronds ; plus quatre vues d'Agleterre, et deux autres sujets. 20 pièces.

85. **Janinet** et **Bonnet**. Les Trois Grâces. Vénus au bain. Diane au bain. Études de femmes, par Demarteau. 5 pièces.

86. **Janinet**, **Demarteau** et **autres**. La jeune Bergère. Têtes d'enfants. Les Plaisirs champêtres, etc. 10 pièces.

87. — Collection de cinquante-huit vignettes gravées par R. de Hooge pour l'édition des Contes de Lafontaine, publiée à Amsterdam. Elles sont remontées.

88. **Lancret** (d'ap. N.). Les Quatre Saisons. Belles ép. avec toutes marges.

89. — Les Quatre Ages de l'Homme, par De Larmessin. 4 pièces.

90. — Le jeu de Cache-Cache Mitoulas, par De Larmessin. Belle ép.

91. — Récréation champêtre, par Joullain. Belle ép. avec marge.

92. — Les Agréments de la campagne, par Joullain. Belle ép. avec marge.

93. — Le Collin-Maillard, par Cochin. Ép. doublée.

94. — Le Glorieux, par Dupuis. Belle ép.

95. — Le Matin, par De Larmessin. Le Printemps, par B. Audran. 2 pièces.

96. — Le Gascon puni. L'Automne. 2 pièces, par De Larmessin.

97. **Lavreince** (d'ap.). Qu'en dit l'Abbé? par De Launay. Belle ép. avec marge.

98. — Le Restaurant, par Derni. Belle ép.

99. **Le Beau**. Portrait de Louis XVI, d'ap. Binel. Belle ép.

100. — Portrait de Marie-Antoinette, d'ap. Mauperin. Très-belle ép. avec marge.

101. **Le Brun** (d'ap. Mme). Portrait de Mme Grassini, gravé par Reynolds.

102. **Lignon**. Portrait de Molière, d'ap. Fragonard. Ep. avant la lettre.

103. **Marc-Antoine**. La Descente de Croix. Ép. doublée.

104. **Monnet** (d'ap.). Les Baigneuses surprises — Salmacis et Hermaphrodite. Deux pièces gravées par Vidal.

105. — Renaud et Armide. — Vénus et Adonis. Deux pièces gravées par Vidal. Belles ép., avec toutes marges.

106. — Le roi d'Etiopie abusant de son pouvoir, par Vidal. Ep. avec grandes marges.

107. — Le Roi de Garbe. Ep. à l'eau-forte.

108. **Oudry** (J.-B.). L'attaque du cerf. L'attaque du sanglier. Deux pièces.

109. **Pater** (d'ap.). Le Roman comique de Scarron. Suite de 16 planches gravées par Surugue, Scotin, Lépicié et autres. Très-belles ép. avec marges. 1 vol. in-fol. obl., bas.

110. — La belle Bouquetière, par Fillœul. Belle ép. avec toutes marges.

111. — Le Savetier. Le Glouton. Deux pièces.

112. **Porporati**. Vénus qui caresse l'Amour, d'ap. Battoni. Ancienne ép.

113. — Portraits de Louis XV, Roger de Rabutin, Mignard, Anne Martinozzi, Charles Henault, l'abbé Nollet, Hubert Gravelot, etc. Dix pièces.

114. — Portraits de J.-B. Rousseau, J.-J. Rousseau, Bossuet, Buffon et Corneille. Cinq pièces, par Savart, D'Elvaux et Bertonnier.

115. — Portraits de Louis XVI et Marie-Antoinette. A Paris, chez Dernos, etc. Deux pièces faisant pendant.

116. — Portraits de Louis XVI, gravés par Pierron, Noreipa, Ridé. Quatre pièces.

117. — Portraits de Mme Julien, Mlle Colombe l'aînée, Michel Bertinazzi et Joseph Menier. Cinq pièces gravées en couleurs. Ep. à toutes marges.

118. **Rembrandt** (P.). Chasse aux lions (Cl. 116). Belle ép. Collection Donadieu.

119. — Chasse aux lions (Cl. 117). Très-belle ép. avec belles marges.

120. — Chasse aux lions (Cl. 118). Très-belle ép. avec grandes marges.

121. **Ribera** (G.). Saint Jérôme. Ep. doublée.

122. **Romanet**. Portrait de Louis XVI. Très-belle ép. avant la lettre.

123. **Rubens** (P.-P., d'ap.). La Vierge embrassant l'Enfant-Jésus, par S. de Bolewert. Très-belle ép., avec l'adresse de *Martin Vanden Enden*.

124. — La Mise au Tombeau, par P. Pontius. Belle épreuve.

125. Jésus remettant les clefs à saint Pierre, par P. de Jode. Belle ép.

126. — Bacchus, par J. Popels. Belle ép.

127. **Savart** (P.). Portrait de Fénelon. Belle ép. avec l'adresse chez l'auteur, barrière de Fontarabie.

128. — Portraits de Bossuet, Bayle, Colbert et Richelieu. Quatre pièces tirées sur papier de Chine.

129. **Tiepolo** (J.-B.). Plafonds et sujets de sainteté. Sept pièces.

130. **Tiepolo** (d'ap.). Sujets de sainteté et plafonds, par Wagner, Grivelari et Léonardis. Six pièces.

131. **Vernet** (J., d'ap.). L'Arsenal de Toulon. — La Ville de Rouen. — La Pêche du Thon. Trois pièces.

132. **Volpato** (J.). Sybilles et prophètes, d'ap. Michel-Ange. Quatre pièces encadrées.

133. **Voyez**. Portrait de Marie-Antoinette, d'ap. Vanloo.

134. **Watteau** (Antoine). Les Apprêts du Festin. Attribuée au maître.

135. La Troupe italienne, gravé à l'eau-forte par le maître, et retouché au burin par Simonneau. Belle épreuve.

136. **Watteau** (d'ap. Ant.). Portraits de Watteau et de M. de Julienne, par Tardieu. Belle ép.

137. — Antoine de La Roque, par Lépicié. Belle ép.

138 — La Famille, par Aveline. Belle ép. avec toutes marges.

139. — L'Accordée de village, par De Larmessin. Ep. doublée.

140. — La Mariée de village, par Cochin. Ep. doublée.

141. — Les Plaisirs du bal, par Scotin. Ep. doublée.

142. — Les Amusements de Cythère. — Vue de Vincennes. Deux pièces.

143. — L'embarquement pour Cythère, par Tardieu. Ep. doublée.

144. — Les Quatre Saisons. Quatre pièces. Belles ép.

145. — Pomone, par Boucher. Belle ép.

146. — Comédiens italiens, par Baron. Belle ép.

147. — Spectacle français, par Dupin.

148. — Mézetin jouant de la guitare, par Thomassin. Belle ép.

149. — Pierrot content. — L'Occupation selon l'âge. Deux pièces.

150. — Fêtes vénitiennes, par L. Cars.

151. — La Collation. La Promenade. Deux pièces gravées par P. M.

152. — Camp volant, par N. Cochin. Belle épreuve avec toutes marges.

153. — Leçon d'amour, par C. Dupuis. Très-belle épreuve avec toutes marges.

154. — La Conversation, par Liotard. Belle épreuve avec toutes marges.

155. — Le Sommeil dangereux, par Liotard. Ép. avec toutes marges.

156. — La Collation, par Moyreau. Belle ép.

157. — La Cascade, par G. Scotin. Belle ép.

158 — La Conversation, par P. M.

159 — La Contrebande, par Brion. Belle ép.

160. — La Lorgneuse. par Scotin. Belle ép.

161. — Le Concert champêtre, par Benoît Audran. Très-belle ép. avec marges.

162. — Le Repas de campagne, par Desplace. Belle ép.

163. — *Qu'ai-je fait, assassins maudits, etc.*, par Joullain. Belle ép. avec toutes marges.

164. — *Heureux Age ! Age d'or, ou sans inqiétude, etc.*, par Tardieu.

165. — Retour de chasse, par B. Audran. Très-belle ép.

166. — L'Indiscret, par Aubert. Belle ép. avec marge.

167. — L'Accord parfait, par Baron. Belle ép.

168. — Entretiens amoureux, par Liotard.

169. — Retour de guinguette, par Chedel. Belle ép. avec grandes marges.

170. — Fête au dieu Pan, par Aubert. Belle ép. avec marge.

171. — Diane au bain, par Aveline. Belle ép.

172. — L'Enlèvement d'Europe, par Aveline.

173. — Halte, par Moyreau. Belle ép.

174. — Départ de garnison, par Ravenet.

175. — Défilé, par Moyreau. Belle ép.

176. — Le Campement, retour de campagne. 2 p. gravées par Cl. Dubosc.

177. — L'Escarpolette, par Crépy.

178. — La Favorite de Flore. Le Marchand d'Orvietan. 2 p. gravées en formes d'arabesques.

179. — Figures de différents caractères de paysages et d'études dessinées d'après nature, par Antoine Watteau, peintre du roi en son Académie royale de peinture et sculpture. Gravées à l'eau-forte, par des plus habiles peintres et graveurs du temps. Tirées des plus beaux cabinets de Paris. *A Paris, chez Audran, graveur du roi en son hôtel royale des Gobelins, et chez Chereau, graveur du roi, rue St-Jacques,* aux deux *Pilliers d'or.* 2 vol. in-fol., cont. 352 p.

180. — L'Aventurière. La Marmotte, etc., 3 p.

181. — Études de têtes. 12 p.

182. — Croquis, études de têtes, etc. 19 p.

183. — Costumes Militaires. 14 p.

184. — Divers croquis, etc. 8 p.

ESTAMPES & LITHOGRAPHIES

MODERNES

185. — **Brascassat** (B.). Etudes d'animaux. 6 gr. planches.

186. — Études d'animaux et de paysage, dessinées d'ap. nature. 5 p.

187. — Croquis. Troupeau attaqué par un loup. 2 p.

188. — **Bonnington** (R. P.). Caen. Architecture du moyen-âge. 2 p. du voyage en Ecosse. Château d'Harcourt à Lillebonne. 3 p. pour le voyage au Brésil. (Lith. de Feillet.) 8 p,

189. — La Prière (sur chine). Le Repos. Les Plaisirs paternels. La Conversation (sur chine). 4 p.

190. **Bonnington** (d'ap.). L'Antiquaire. — L'Entrée à l'église. — Le Billet doux. 4 p. gravées par Reynolds, 2 sont avant la lettre.

191. **Boulanger** (Louis). Ronde du Sabat. (Lith. de C. Motte). Épreuve sur chine.

192. **Charlet**. *Siége de Saint-Jean-d'Acré.* (Lith. de C. Motte). Rare.

193. *L'Intrépide Lefèvre. C'est mon père! C'est mon père!* (Lith. de C. Motte). Deux pièces.

194. — Marche d'une colonne. *Lith. de C. de Lasteyrie*. Rare.

195. — *Lancier de la garde impériale. De la lith. de C. de Lasteyrie*. Épreuves d'essai imprimées au verso et au recto. Très-rare.

196. — *Doucement la Mère Michel.* (Lith. de C. de Lasteyrie). — *Le Voltigeur.* — *Ils sont les enfants de la France.* — *Aux vieux grognards, le tailleur de pierre reconnaissant.* Quatre pièces.

197. — Quatre sujets sur deux feuilles (Imp. Delpech). A la Comète. Cinq pièces.

198. — *Si le second rang est sage, il aura du nanan.* — *Le Lendemain du Mardi-Gras.* — *Oh ! les — gueux !* (sur chine). — *En v'là un que j'ai repêché, etc.* (Lith. Villain). Quatre pièces.

199. — *Je m'appelle César Krafft et Braunn, la petite armée française : j'en mangerais dix comme toi.* (Lith. de Villain). Quatre pièces.

200. — L'Insubordination. — *Je suis innocent ! dit le conscrit.* — *Au commandement de halte !* — *Au commandement de pas d'observations !* Quatre pièces.

201. — *Le Gamin national.* — *Papa nanan, etc.* — *Papa dada, etc. L'Empereur Napoléon I*er *voyageant*. Quatre pièces.

202. — *L'Allocution* (28 juillet 1830). — *Le Peuple à la caserne des gendarmes, 5 mai 1830.* — *Chacun chez soi ! Chacun pour soi.* Quatre pièces.

203. — *Le Défilé.* — *L'Action.* — *Hospitalité, paysage.* — *Les Hommes font les décorations, etc.* Cinq pièces.

204. — *L'Invalide.* — *Le Chiffonnier et le Cocher.* — *Les Enfants soldats.* — *Honneur au courage malheureux.* (Lith. Delpech). — *Le Gentil Soldat,* par Bellangé. Cinq pièces.

205. — Croquis, par divers artistes, nos 2 et 37. (A Paris, chez Rittner). Deux pièces.

206. **Daubigny** (François) et autres (d'ap.). Collection de 48 gravures sur bois, tirées sur papier de Chine, pour le Rolland furieux. Très-rare.

207. **Decamps** (Alexandre-Gabriel). Gardeur de porcs. Pièce gravée à l'eau-forte.

208. — *Le Thermomètre* (Lith. de C. Motte, rue des Marais).

209. — *Adieux touchant de l'ex-bien-aimé à sa garde.* Rambouillet, 2 août. Très-rare.

210. — *Ah !.. . cette fois je sens bien que j'en rends des fameuses d'ordonnances.* Très-rare.

211. — *Le pieux monarque.* Rare.

212. — *La France pleure ses victimes,* etc.

213. — *L'An de grâce 1830, du règne glorieux de Charles X le XVIe, etc.*

214. — *Classe de français.* M. Contrarius.

215. — *Une pauv' petite prefecture, s'il vous plaît, etc. Eh ! camarade, on n'entre pas en veste ici. — Voilà qui vient de paraître ! etc. — C'est l'ordonnance de M. Mangin.* Trois pièces publiées chez Gihaut.

216. — *Le Savoyard et le singe.* Épr. avec l'adresse *C. Motte, rue des Marais.*

217. — *La Petite Glaneuse.* (Lith. de Engelmann). Rare.

218. — *Beau temps.* (Lith. de Engelmann). Rare.

219. — *Orage.* (Lith. de Engelmann). Rare.

220. — *L'Indienne.* (Lith. de Engelmann). Rare.

221. — *L'Enfantelet*, — *Le Klepte*. Deux pièces. (Lith. de Engelmann).

222. — *Liberté* (Française-Désirée).

223. — *Croquis de chasse.* — *Chasse au furet et à blanc.* — *Chasse au loup.* — *Retour de la chasse.* — *Le Chenil.* Quatre pièces.

224. — *Le Chenil.* — *Les Enfants surpris par un chien.* — *Le Dromadaire.* Trois pièces tirées sur papier de Chine.

225. — *Le Chenil*, *le Dromadaire*, croquis nº 49. Trois pièces.

226. — *La Morte.* — *Le Chenil* et un *croquis*. Trois pièces lithographiées, chez Gihaut et Lemercier.

227. — *Le Coup décisif.* — *Une Patrouille à Smyrne.* *Le Lièvre et la Tortue.* — *Une Rencontre.* — *Les Mendiants.* — *Le Petit Savoyard.* Six pièces.

228. — Croquis par divers artistes, nºs 3, 20, 31, 32 et 45, portent les adresses de Rittner et Ch. Tilt, Osterval et Lemercier.

229. — *Essai fait à la manière noire*, par Decamps. Lith. de C. Motte.

230. **Delacroix** (Eugène-Ferdinand). Suite de dix-sept pièces et portrait de Gœthe, pour le Faust.

231. — *Jane Shore*, acte V, sc. II. (Lith. de C. Motte). Épreuve sur papier de Chine.

232. — *Hamlet*, acte V, sc. Iʳᵉ. (Lith. de C. Motte). Épreuve sur papier de Chine.

233. — Lion de l'Atlas. *Delacroix fec.*

234. **Demarne** (Jean-Louis). Intérieur d'une cour de ferme. (Imp. de G. Engelmann). L'Abreuvoir. Deux pièces.

235. — Recueil d'eaux-fortes, gravées par le maître. Trente trois pièces.

236. **Dupont** (Henriquel). Cromwell ouvrant le cercueil de Charles Ier, d'après P. Delaroche. Rare

237. — Une école en Turquie, d'après Decamps. Belle épreuve sur papier de Chine.

238. — Culs-de-lampes, gravés pour les Fables de La Fontaine, publiées par Jombert. Deux pièces.

239. **Fielding - Newton** (Himbert Smith). *Animals drawn on stone, Newton-Fielding.* Douze pièces avec le titre au lavis. (Lith. Lemercier.)

240. **Garvarni**. *Rustic groups of figures, by Gavarni*, 6 pl. in-fol. London, 1854. Rare.

241. **Géricault**. Marche dans le désert (lith. de C. Motte).

242. — Croquis de cheval de selle. Chevaux de ferme. Les Boueux (lith. de Engelmann). Trois pièces.

243. — Cheval arabe. Chevaux d'Auvergne (lith. de Engelmann). Épreuves sur papier de Chine.

244. — Cheval de roulier au repos. Hussards à cheval (lith. de Engelmann). Trois pièces.

245. — Chevaux promenés au pas. La Halte. Chevaux à l'écurie (lith. Villain). Trois pièces.

246. — Cheval blanc que l'on ferre, lith. au tampon (lith. de Villain). Titre pour les études de chevaux de Géricault, lith. au lavis.

247. — Mort de Géricault, d'après Scheffer, par H. Garnier.

248. **Grandville** (J.). Voyage pour l'éternité. Trois lithographies coloriées.

249. **Grandville** (d'ap.). Caricatures politiques. Six pièces lithographiées, par Forest et Desret.

250. **Gudin** (Théodore) Essais à l'eau-forte. Six pièces.

251. — Scènes, marines et paysages. Dix pièces.

252. **Hofer.** Portrait de Mme Dubarry, d'après Boucher. Eau-forte très-rare, la planche ayant été détruite.

253. **Ingres** (Jean-Dominique-Augustin). Odalisque couchée. *Ingres, 1825* (lith. de Delpech).

254. — Quatre seigneurs de la cour de Bourgogne causent assis dans des chaises à haut dossier. *Ingres*, 1825. Cul-de-lampe pour l'introduction au Voyage en Franche-Comté du baron Taylor (lith. de G. Engelmann).

255. **Isabey** (J.). Caricatures. Trois lith. col.; plus. une vue de la salle d'exhibition de J. Isabey, à Londres, gravé en couleur, par W. Bennett.

256. — Voyage en Italie en 1822. Suite complète de 30 pièces.

257. — **Isabey** (d'ap.). Portrait de l'impératrice Marie-Louise, gravé en couleur, par Monsaldy. Épreuve avant la lettre.

258. **Isabey** (E.). Marine (lith. Gihaut).

259. **Jacques** (Charles). Recueil de vingt sujets composés et gravés à l'eau-forte, par Charles Jacques. Très-bel exemplaire du premier tirage sur papier de Chine, portant le *no 1*.

260. — La Bergerie. Très-belle épreuve avant la lettre signée de l'artiste.

261. La Souricière. Belle épreuve tirée sur papier de Hollande.

262. — La Femme au puits. Le Buveur. Intérieur de ferme. Le Moulin et Paysages. Six pièces.

263. **Johannot** (Tony). Charles VI. Eau-forte, par le maître.

264. **Lamy** (Eugène). Les Quartiers de Paris. Six pièces. Litho. Delpech.

265. **De Lemud** (A.). Enfance de J. Callot (imp. Lemercier).

266. — Jeune fille brodant une écharpe. — Moines se préparant à la confession. — Hoffman. — Le Prisonnier. — Portrait de M. Gigoux. Cinq pièces.

267. — *La Bourse. — Mathieu Lænsberg. — Légende des frères Van Eyck. — Surtout en porcelaine, composé par Fragonard.* Quatre pièces.

268. **Leys** (Joseph). Érasme et Holbein. Belle eau-forte.

269. **Meissonnier**. Le Fumeur appuyé sur une table où il y a un pot de bière. Belle épreuve tirée sur papier de Chine.

270. **Mercury** (P.). Portrait de Mme de Maintenon, d'ap. l'émail de Petitot. Très-belle épreuve avant l'entourage et avant toutes lettres, portant la dédicace : *Al sigr. Isler il suo amico. P. Mercury.* Très rare.

271. — Portrait de Condorcet, gravé à l'eau-forte. Épreuve avant toutes lettres. Très-rare.

272. — La Prière. Lithog. de Delpech. Rare.

273. **Meryon** (Charles). Eaux-fortes sur Paris. Douze pièces. Très-belles épreuves sur papier de Chine.

274. **Monnier** (Henri). Les Quartiers de Paris. Six pièces. Lithog. Delpech.

275. **Péquègnot** et **Stevens**. La Bièvre à Paris. Chien baisant la main de son maître à travers les grilles de sa prison. Deux pièces.

276. **Prud'hon** (P. P.). Une Famille malheureuse (Lithog. de G. Engelmann). Épreuve avant la retouche.

277. — Portrait du Fils du maréchal Gouvion de Saint-Cyr, caressant un chien. Épreuve avant le nom de l'artiste. Rare.

278. — Le même sujet. Épreuve avec le nom de l'artiste, tirée sur papier de Chine.

279. — Une Lecture. Épreuve avant toutes lettres.

280. — Le même sujet. *Prud'hon inv. et del.* (Lithog. de C. Motte). Épreuve sur papier de Chine.

281. **Prud'hon** (d'après). Sujets pour l'Art d'aimer. Quatre pièces gravées par Copia et Beisson. Épreuves avant la lettre.

282. — L'Innocence préfère l'Amour à la Richesse. L'Amour séduit l'Innocence. Deux pièces gravées par Roger. Très-belles épreuves avant la lettre.

283. — Abrocome et Anzia. Le Premier Baiser. L'Enlèvement d'Europe. Quatre pièces avant la lettre et à l'eau-forte.

284. — La Toilette, lithog. par Maurin. Épreuves avant et avec la lettre.

285. **Raffet**. Suite de 25 planches inédites. Costumes militaires français et étrangers, portraits et sujets divers, lithographiés au crayon, au lavis, à l'estompe et sur papier, Auguste Bry, par Raffet. Paris. 1860.

286. — Voyage en Crimée. Six pièces dont son Portrait, plus la Parade.

287. **Scheffer** (Ary). Marguerite à l'église, gravé à l'eau-forte par le maître. Rare.

288. — Les Souvenirs d'un soldat. — Marton. — Le Jeune malade. — La Convalescence. — L'Antiquaire. — Le Vieux pâtre. — La Déclaration. — Allons. — Huit pièces tirées sur papier de Chine.

289. **Verboeckhoven** (E. J.). Bœuf dans la prairie. Épreuve sur papier de Chine.

290. **Vernet** (Carle). Différents Chevaux et Courses. Vingt-deux pièces.

291. — Recueil de douze chiens de différentes espèces. Paris, imprimerie lithographique de F. Delpech.

292. **Wattier** (Émile). Jeune Femme assise dans un bois, derrière elle un jeune homme Épreuve avant la lettre sur papier de Chine.

293. — *Album de caricatures*, par L. Boilly. 50 pl. lithog. coloriées.

294. — *Mœurs parisiennes*, par Pigal. 100 pl. lithog. col. Paris, chez Gihaut, in-f°, dem.-rel.

295. — *Recueil de scènes populaires*, par Pigal. 50 pl. lithog. col. Paris, chez Martinet, in-f°, dem.-rel.

296. — *Recueil de scènes de société*, par Pigal. 50 pl. lithog. col. Paris, chez Martinet, in-f°, dem.-rel.

297. — *Recueil de caricatures anciennes du XVIe au XIXe siècle*, fig. au trait.

298. Sous ce numéro, les articles omis.

Renou et Maulde, Imprimeurs de la Compagnie des Commissaires-Priseurs, 144, rue de Rivoli. 11199

www.ingramcontent.com/pod-product-compliance
Ingram Content Group UK Ltd.
Pitfield, Milton Keynes, MK11 3LW, UK
UKHW020544230726
13925UKWH00006B/2424

9 782014 438420